Mi Primer Libro de Tortugas Marinas

JENNY KELLETT

Mi nombre es...

¡Hola!
Me llamo
Tina la
tortuga
marina.

Las tortugas marinas viven
en el océano.
¿Puedes encontrarme
en el océano?

Las tortugas marinas viven en
océanos de todo el mundo,
pero prefieren aguas
cálidas y tropicales.

¿Puedes señalar el océano donde crees que vivo?
Pista: ¡Busca las palmeras!

Las tortugas
marinas
tienen aletas
especiales
para
ayudarlas a
nadar.

¿Puedes contar cuántas aletas tengo?
1
2
3
4

Las tortugas marinas tienen caparazones fuertes y duros para protegerlas.

¡Mis amigos del océano también tienen caparazones!

¿Puedes <u>emparejarlos</u> con sus sombras?

A las tortugas marinas les encanta comer medusas y algas.

¿Sabes cuál de estos animales es una **medusa**?

Pista: ¡Es muy gelatinoso!

Las tortugas marinas son muy silenciosas. Shhhh....
...pero el océano está lleno de sonidos. ¿Puedes ayudarme a hacer algunos sonidos del océano?

¡Hagamos algunos sonidos del océano!
¿Puedes decir: ¡Glub glub!,
¡Woosh!, ¡Plas plas!?

¡Glub glub!
¡Plas plas!
¡Woosh!

Me gusta vivir sola, pero nunca me aburro.
A las tortugas marinas les gusta vivir solas.

Mis actividades favoritas...

Nadar

Comer

¡Señala las imágenes de lo que a ti también **te gusta** hacer!

Explorar

Esconderse

Las tortugas marinas crecen en diferentes etapas, al igual que los humanos.

Huevos
Cría
Juvenil
Adulta

¿En qué etapa
está esta
tortuga?

Las bebés de tortuga se llaman crías.
¡Son pequeñas y muy lindas!

¿Cómo se llaman los bebés de estos animales?

Empareja cada animal con su bebé.

Pollo

Gato

Vaca

Gatito

Ternero

Pollito

Las tortugas marinas ponen sus huevos en la playa.

Después de 9 semanas, las crías nacen y se dirigen al océano.

¡Contemos juntos!
¿Puedes decirme cuántos huevos tengo en mi nido?

¡Las tortugas marinas necesitan nuestra ayuda! Pueden lastimarse con el plástico en el océano y quedar atrapadas en redes de pesca.

Puedes ayudar a
las tortugas marinas
reciclando plástico y
manteniendo limpios
los océanos y las
playas.

¡Tina necesita tu ayuda!

El océano está lleno de cosas que pueden dañar a las tortugas marinas. ¿Puedes encontrar las cosas malas?

Encierra en un círculo los objetos que pueden dañar a las tortugas marinas.

¿Qué es lo que más te gusta de las tortugas marinas?

¿Puedes nombrar dos alimentos que comen las tortugas marinas?

¿Cómo podemos ayudar a mantener a las tortugas marinas seguras?

¡Felicidades!

Nombre: ....

Por aprender todo sobre los

TORTUGAS MARINAS

y convertirse en un(a) Experto(a)
en Tortugas Marinas

Jenny Kellett
Autora

TAMBIÉN POR JENNY KELLETT

¡... y más!

¡Simplemente **escanea** aquí para verlos todos!

Escanéame

Disponible en **www.bellanovabooks.com/es** y en todas las principales librerías en línea.

¡Nos encantaría saber de ti!

Si tú y tu hijo disfrutaron este libro, ¡nos encantaría saber de ustedes!

Dejar una rápida **reseña** toma solo unos segundos y hace una gran diferencia para nosotros.

Como autora independiente, tu apoyo nos ayuda a crear más libros divertidos y educativos. ¡Gracias!

Deja una reseña

Escanéame